共和国科学英才

中国氢弹之父于敏

元　吉／著　　沈斐文／绘

广西科学技术出版社

图书在版编目（CIP）数据

中国氢弹之父于敏 / 元吉著；沈斐文绘 . —南宁：广西科学技术出版社，2024.1

（共和国科学英才）

ISBN 978-7-5551-2058-2

Ⅰ . ①中… Ⅱ . ①元… ②沈… Ⅲ . ①于敏（1926—2019）—生平事迹 Ⅳ . ① K826.16

中国国家版本馆 CIP 数据核字（2023）第 189947 号

ZHONGGUO QINGDAN ZHI FU YU MIN

中国氢弹之父于敏

元　吉　著　　沈斐文　绘

策　　划：赖铭洪　　　　责任校对：吴书丽

责任编辑：罗　风　　　　助理编辑：谢艺文

封面设计：梁　良　　　　责任印制：韦文印

出 版 人：梁　志　　　　出版发行：广西科学技术出版社

社　　址：广西南宁市东葛路 66 号　　邮政编码：530023

网　　址：http：//www.gxkjs.com　　编 辑 部：0771–5864716

印　　刷：广西民族印刷包装集团有限公司

开　　本：889 mm × 1194 mm　1/16

字　　数：68 千字　　　　印　　张：3

版　　次：2024 年 1 月第 1 版　　印　　次：2024 年 1 月第 1 次印刷

书　　号：ISBN 978-7-5551-2058-2

定　　价：39.80 元

忆昔峥嵘岁月稠，朋辈同心方案求。
亲历新旧两时代，愿将一生献宏谋。
身为一叶无轻重，众志成城镇贼酋。
喜看中华振兴日，百家争鸣竞风流。

——于敏

广大科技工作者胸怀报国为民的理想追求，服务国家战略需要，勇攀科技高峰，创造了举世瞩目的成就，形成了宝贵的科学家精神。

于敏，“两弹一星”功勋奖章、“共和国勋章”获得者，长期隐姓埋名，一心报国，矢志不渝，为国铸盾。他在国防科技领域艰苦奋斗的一生集中体现了科学家精神。

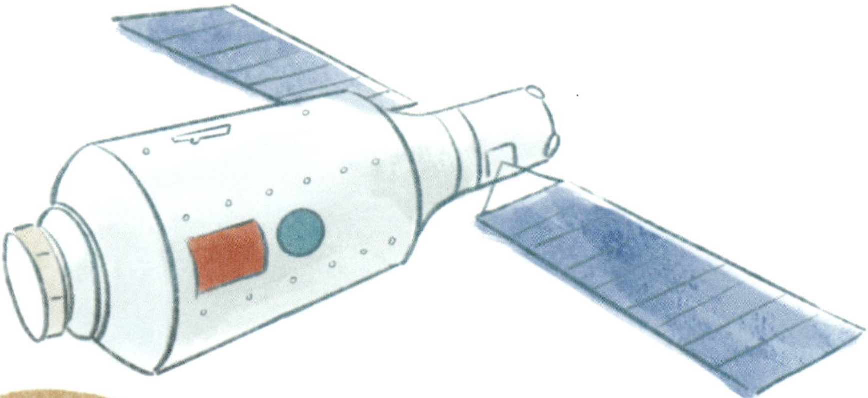

1926年8月16日，于敏出生于河北省宁河县芦台镇（今天津市宁河区）。他的父亲于振霄，供职部门属天津市财政局，工作勤勉，收入微薄；母亲王氏，勤劳善良。

1937年7月，日本悍然发动全面侵华战争，于敏的家乡成为沦陷区。

于敏十二三岁的时候，有一天，他在街上骑着从同学那借来的自行车。突然，一辆日本人的吉普车不怀好意地径直朝他冲过来，幸好于敏躲闪及时，否则后果不堪设想。面对日本侵略者的欺凌和奸淫掳掠，于敏暗下决心，一定要好好学习，通过自己的努力让国家强大起来。

于敏沉厚寡言，好学深思，读中小学时就表现出非凡的学习能力。少年时代的于敏，不仅热爱钻研科学知识，也痴迷于中国历史和古典文学。他对诸葛亮、岳飞和文天祥的高风亮节倍加推崇，把《出师表》《满江红》《过零丁洋》等都背得滚瓜烂熟。

天津木斋中学的老师刘行宜发现于敏是一个不可多得的人才，便帮他转入天津有名的耀华中学读书。因老师指导得法，加之于敏常到学校图书馆阅读大量书籍，中学时他就拥有了丰富的知识储备。随着视野的开阔，他科学救国的理想更加坚定了。

1944 年秋，于敏考入北京大学工学院电机系。在学习的过程中，他对工科和理科有了更深刻的理解，意识到自己更适合学理科。1945 年，美国在日本投放的原子弹震惊了整个世界。美国强大的核武器和当时我国的贫弱局面形成鲜明的对比，这使于敏更加笃定了科学救国的信念。

然而由于拿不出转系的费用，于敏只好继续留在工学院学习，同时自学理科课程。1946年，国立西南联合大学复员，北京大学迁回北京后，学校每月给学生发放40斤白面，而且不收学费，于敏便借机转入物理系。他还把白面换成玉米面，每天只吃窝头、喝玉米糊糊，以节省一些钱出来，补贴学习方面的其他开支。

有一次，数学老师出了一套非常难的试卷，数学系大部分同学都只考了20多分，平时学习最好的同学也只考了60分，而于敏考了100分，这事一时在北京大学传为美谈。别人说他聪明，是个天才，他自己却不认同这种说法。他说：“我不笨，也不是很聪明，但是我很勤奋。”暑假，同学们都回家了，他没有回家的路费，就留在学校。对此，他风趣地说：“我可以跑到景山上，乘着景山的凉风做习题。”

1949 年，于敏以北京大学物理系第一名的成绩毕业，并如愿成为北京大学物理系的研究生。他师从著名物理学家张宗燧，研究方向是理论物理中最抽象、最前沿的量子场论。于敏聪明好学，成绩优异，张宗燧对他赞赏有加，认为他是自己见过的最优秀的学生。

读书期间，于敏待人真诚，志存高远，心无旁骛，学习成绩优秀，老师和同学们欣赏他、佩服他，以他为荣。当他遇到困难时，大家都会热情相助。于敏感念师友的恩情，更把它凝聚成攻坚克难的勇气和动力。

在成长过程中，于敏从身边的人和集体中得到温暖，他也继续传递这种温暖。于敏说，一滴水只有放到大海里才不会干涸，一个人只有把自己的奋斗与集体事业融合在一起才能产生不竭的动力。

第二次世界大战后，美国成为资本主义世界霸主，一群资本主义国家唯美国马首是瞻，伙同美国对新中国进行政治孤立、军事威胁、经济封锁。当中国人民志愿军在抗美援朝战争中不断取得胜利之时，美国甚至挥舞起“核大棒”，对我国进行核威胁，制造核恐怖。新中国面临严峻的国际形势，研发原子弹被提到国家战略层面。

1951年，于敏以优异的成绩毕业。毕业后，他被安排到中国科学院近代物理研究所第四组，即理论研究组工作。当时该组有彭桓武、邓稼先等八人，在这个组里于敏年龄最小、资历最浅。从量子场论转向原子核理论，于敏欣然服从国家需要，他说，国家需要大过个人兴趣。

他阅读了金星南挑选的所有文献，充分了解了国际上核物理研究的进展，一头扎进核物理研究中，很快在该领域取得成绩。他的论文《关于重原子核的壳结构理论》和《关于原子核独立粒子结构的力学基础》在国际上引起关注，这标志着我国对原子核理论研究进入国际领先地位。钱三强称赞于敏“填补了我国原子核理论的空白”。

20 世纪 50 年代，美国率先研制出世界上第一颗氢弹。随后，英国、苏联也相继成功研制氢弹。20 世纪 50 年代末中苏关系恶化，我国外交形势更加严峻。1960 年底，钱三强组织一批年轻的科技工作者悄悄地开始了氢弹技术的理论探索。1961 年 1 月 12 日，于敏接到命令，加入这个“轻核理论组”开始氢弹研究。轻核理论组即“470 组”，代号“乙项任务”，由黄祖洽任组长，于敏任副组长。

接受这个任务，意味着于敏要从基础性很强的原子核理论领域转到应用性很强的氢弹研发领域，放弃已有十年之功的学术积淀，踏入一个崭新的研究领域。但于敏说，个人的学术追求要服从国家战略需要，个人的研究方向只有急国家之所急才更有意义。此后的28年，于敏的名字与氢弹研发技术一起，成为国家机密。

于敏昼夜不停，刻苦钻研，很快在新的领域崭露头角。当时国外刊物报道了一个氚和氚的反应截面，如果这个截面的数据是可靠的，那么对我国氢弹理论的突破会有较大帮助，但选用之前要做可行性实验，这个实验耗资巨大，而且需要2～3年的时间。关键时刻，于敏凭借扎实的理论功底，以布赖特-维格纳公式推理演算，认定这是个错误说法，根本没必要做这个实验。于敏以他特有的敏锐和果敢，让我国的氢弹研发少走了不少弯路。

1963 年 9 月，原子弹理论设计完成后，遵照聂荣臻元帅的指示，邓稼先领导组员立即转向氢弹理论的设计攻关，和于敏小组兵合一处，对氢弹研发形成合围之势，并最终谋划出氢弹研发的思路。何祚庥院士曾生动地形容：“到了关键时刻，临门一脚的总是于敏院士。”其实，这临门一脚的精准，是从零起步，蹑屩担簦，无数个日夜殚精竭虑的结果。

1964年10月16日，我国第一颗原子弹成功爆炸后，氢弹攻关成为国防科技的重中之重。1965年8月，周恩来总理主持召开了中央专委第十三次会议，部署科技人员兵分三路，分别由黄祖洽、周光召、于敏领导，用计算机去实际运算研制氢弹的可能性途径。1965年9月，于敏带领一支小分队赶赴上海华东计算技术研究所，在我国自主研发的超级计算机J501的机房中，核武器研究史上著名的“百日会战”拉开了序幕。

为了尽快得到计算结果，大家把铺盖带到办公室，人停机不停，通宵达旦地计算，困了就睡在地板上。计算机房里，大量的二进制纸带摞成了一座小山，于敏经常半跪在地板上查看数据。终于，这种朝乾夕惕、焚膏继晷的努力有了回报。在大量数据计算基础上于敏小组得出结论，设计氢弹只有两条途径：一条是高温通路，另一条是高密度通路。

于敏天天苦思冥想，一刻也放不下氢弹构型设计。一天傍晚，于敏在与蔡少辉饭后散步时说：“原子弹爆炸释放的能量很多，中间有很多能量一定会产生破坏作用，所以在结构设计上一定要躲开这种破坏。”说到这，于敏突然顿悟，便一路小跑着回去，立即组织人员沿着这个思路开始运算。

于敏高兴地给在青海的邓稼先打电话。为了保密，于敏使用只有他们才能听懂的隐语。

“我们打猎……猎到一只松鼠。”

“这可是一顿美味啊。”

“还不能把它煮了吃，我们惊奇地发现它挺特殊，想解剖一下，可是人手不够。”

“好，我马上到。”

邓稼先明白，于敏的氢弹攻关有了重大突破。1965 年 11 月 8 日，邓稼先来到上海，仔细听取了于敏的汇报，与于敏一起组织运算攻关。

经过周密计算，于敏终于找到了充分燃烧热核材料的关键元素和制造这些元素的技术方法，“于敏构型”就此诞生。

“于敏构型”的重要意义在于，不但解决了氢弹自持热核材料燃烧的问题，还形成了一整套“原理—材料—构型”的物理设计方案。

我国的氢弹研发比美国和苏联起步晚，如果设计难度不做提升，就不能更好地提振中华民族的自豪感。二机部副部长刘西尧向工作组传达了中央和中央专委的指示，氢弹要安装在导弹上，设计时爆炸当量不少于100万吨TNT，重量不超过1吨，简称“1100”。“百日会战”后，于敏的研究工作朝着“1100”方向进行，很快把氢弹研制从设计方案推进到试验阶段。

1966年12月28日，在聂荣臻元帅主持下，氢弹原理试验取得圆满成功。用于敏自己的话说：“五脏六腑，三万六千个毛孔都舒服极了……”但这份喜悦背后又有多少煎熬啊！于敏说，每次试验他的心都提到嗓子眼，怕想得不周全，担心不成功，晚上睡不着，心跳加速，紧张到坐卧不宁。这种紧张不是系于个人安危荣辱，而是因为他们手握着国防强大的未来，肩负着整个国家和民族的希望。

1967年6月17日上午8点20分，新疆罗布泊碧空万里，轰六甲型战机飞过，随着降落伞拉开，出现一道强烈的闪光，只听一声巨响，訇訇殷殷，硕大白亮的光球光芒万丈，蘑菇云翻滚向上，巨大的青黑穹顶下风兴云蒸！我国第一颗氢弹全当量空爆试验成功！试验场地的欢呼声响彻云霄。从原子弹试验成功到氢弹爆炸成功，中国人只用了两年八个月，是第四个成功进行氢弹爆炸试验的国家，也是第一次氢弹试爆就采用飞机空投，进入准实战状态的国家。

氢弹爆炸成功了，于敏说他没有流眼泪，也没有彻夜不眠。长期靠服用安眠药才能入睡的于敏，当天晚上早早入睡了，睡得踏踏实实。

随着核武器研究的推进，核理论研究、核弹制造、核试验等基地由北京发展到青海金银滩、新疆罗布泊、四川绵阳等地。于敏接受任务后，常年在基地间辗转，跋履山川，栉风酾雨，八上高原，六下戈壁，三次与死神擦肩而过。

氢弹爆炸成功后，于敏回北京探亲。妻子孙玉芹看着站在门外皮肤皲裂、面色黝黑、头发散乱的丈夫，心疼地痛哭起来。于敏想抚摸可爱的幼子，可孩子却怯生生地躲开，于敏的双手停在半空中，泪水模糊了双眼。于敏深知，自己投身国防事业，家里的老人小孩都是妻子在照顾，是妻子为自己撑起了家里的一片晴空。2012 年，孙玉芹离世，于敏悲痛万分，这位胸怀大抱负、心底有苍生的大科学家对妻子能做的，“惟将终夜长开眼，报答平生未展眉”。

第一颗氢弹空爆试验成功后，适配中程、远程导弹使用的轻量化氢弹弹头，以及适配强击机使用的轻型航空氢弹相继研发成功。20世纪80年代，我国洲际导弹试验成功，标志着核常兼备、战慑一体的核威慑体系成功构筑。在我国氢弹的发展历程中，于敏作出了巨大的贡献，因此被称作“中国氢弹之父”。

20 世纪 80 年代，于敏被任命为核武器研究院副院长，兼核武器理论研究所所长。他亲自主持，利用惯性约束聚变技术，成功研发了第二代核武器。20 世纪 80 年代中期，我国不仅实现了核武器初级小型化，还在中子弹的原理试验上取得了巨大突破。这一系列的成就，“讦谟定命，远犹辰告”，奠定了我国的国际地位。

多学科知识在于敏的大脑里条入叶贯，神会心融，就像发生了奇妙的化学反应，思维成果一次次石破天惊，使他朝着卓越的科技目标继续前进。在于敏的带领下，我国高技术研究发展计划（863 计划）中的惯性约束核聚变研究取得了国际领先地位。

中子弹是第三代核武器，亦称“加强辐射弹”。它是在氢弹的基础上，以高能中子辐射为主要杀伤力的战术核武器。从 1977 年 8 月开始，于敏根据国外媒体中一些零星的信息，瞄准了中子弹设计的剂量指标和当量指标，确定了中子弹的研究思路，即要掌握好“度”，威力尽量小，以减少冲击波的破坏半径，而单位威力具有高穿透力的中子数必须尽量大。在这个基础上，他提出了“三锤定音计划”，保证了中子弹研发的顺利推进。

1977 年 9 月 21 日，《人民日报》刊登了张爱萍将军的一首诗：“合金钢不坚，中子弹何难。群英攻科技，敢破世上关。”这首诗反映了我国中子弹的研制已经取得突破性进展。1988 年 12 月 29 日，我国在罗布泊成功测试了中子弹，约 2500 吨 TNT 的爆炸当量，再次震撼了世界。我国的中子弹可以装在机动性强、最大射程为 600 千米战役战术地对地弹道导弹“东风 -15”上。于敏以“中子弹装置的突破”工作的第一完成人，荣获 1988 年度国家科学技术进步奖特等奖。

擅长物理数值初估的于敏有着非凡的把握物理本质的能力。在“百日会战”中，于敏从辐射流体力学、中子扩散和热核反应基本方程出发，在量纲分析粗估的基础上，提出了两级氢弹原理与构型。化繁为简的设计艺术，说明于敏具有将哲学、物理学与数学思维相互交融的高超研究能力。

追求真理、严谨治学的求实精神贯穿于敏的整个学术生涯。

杜祥琬院士曾回忆说，有一次，于敏和几位搞物理的同事半跪在地上查看计算机纸带子上打印出来的物理量，浩如烟海的数字滚动着，突然，于敏指着一个物理量说，不对，这个数错了。通常利用计算机进行计算，就意味着接受计算机的计算结果，所以这个质疑让在场的人有些摸不着头脑。经过仔细排查，发现计算机有一个晶体管的加法器元件坏了，导致计算结果错误。计算机技术研究所的同志们纷纷惊叹，他居然能发现计算机的计算错误！

有一次，于敏突然叫停了已然箭在弦上的热核试验，因为他意识到这次试验没有充分考虑条件发生变化后的一些物理因素。经过两天一夜的地毯式排查，于敏带领团队终于将所有不能确定的物理因素一一确认，最终试验获得圆满成功。在总结会上，于敏引用了王维《桃源行》的诗句来形容这次经历：“自谓经过旧不迷，安知峰壑今来变。”对古诗词颇有研究的于敏，引用这一句诗，可谓意味深长。

在于敏看来，热核研究工作虽历经了无数次试验，似乎感觉什么都驾轻就熟了，但在任何时候，无论是理论设计还是现场试验都不可麻痹大意，更不能过于依赖经验，否则就会像《桃源行》所云：“当时只记入山深，青溪几度到云林。春来遍是桃花水，不辨仙源何处寻。”曾记得青溪沿着幽深的山径，几次弯转绕行就能到桃林，可是，再逢春天，遍地桃花流水，却迷了路，仙源何处，已杳杳难寻。

20 世纪 80 年代中期，我国正处于研发新型核武器的关键阶段，但国际上全面禁核已成为必然趋势。为此，1986 年，于敏与病重的邓稼先一起主持撰写了加快核试验脚步的建议书，建议国家能够及早完成所有能完成的核试验。事实证明，这份建议书极具前瞻性和指导性。1996 年《全面禁止核试验条约》正式签署时，我国已用 10 年时间做完了所有必须做的热核试验，保障了我国核武器研究的可持续发展。

1994年，于敏获得求是科技基金会“杰出科学家奖”，他捐出奖金，设立“于敏数理科学奖励基金”，鼓励青年人积极献身高科技领域。

1999年，于敏被授予“两弹一星”功勋奖章，并作为代表发言。在二十三名“两弹一星”功勋奖章获得者中，于敏是唯一没有留过学的院士，人称“国产土专家一号”。

2015 年，于敏获得国家最高科学技术奖。随着各种荣誉纷至沓来，各大媒体争相邀请他到现场做嘉宾，然而于敏都婉言谢绝。

以于敏对氢弹研发的巨大贡献，“中国氢弹之父”这一称谓他当之无愧，但于敏却说：“核武器的研制是集科学、技术、工程于一体的大科学系统，需要多种学科、多方面的力量才能取得现在的成绩，我只是起到了一定的作用。”

盛名之下，于敏始终保持宁静质朴的本色。卧室中简易的铁床、书房里油漆剥落的写字台与客厅中悬挂的“淡泊以明志，宁静以致远”的书法作品，都彰显了屋主人栖冲业简、邈处欿视的品格。他说：“所谓宁静，对于一个科学家，就是不为物欲所惑，不为权势所屈，不为利害所移，始终保持严格的科学精神。”

于敏说，一个人的力量是有限的，核事业需要大家精诚团结，密切合作。于敏在担任领导期间，也一直以科研人员的身份参与课题小组，与组员一起参加学术讨论，更是经常戴上安全帽深入一线，亲自指挥试验。在他看来，研究工作的根基只有扎根在科技研发一线，责有攸归，才能创造更好的成绩。

于敏常说，一个人的名字早晚是要没有的，能把微薄的力量融进祖国的强盛中，便聊以自慰了。73 岁时，于敏写下七言律诗《抒怀》，以此弘扬集智攻关、团结协作的科学精神：

忆昔峥嵘岁月稠，朋辈同心方案求。
亲历新旧两时代，愿将一生献宏谋。
身为一叶无轻重，众志成城镇贼酋。
喜看中华振兴日，百家争鸣竞风流。

于敏不仅是难得的科研领路人，而且是一位甘为人梯、奖掖后学、深受学生喜爱的大先生。只要听说于敏要讲课或做报告，前一天就有人开始占座，报告厅经常被挤得水泄不通。年轻人总结，向于敏请教有“三不”：一是不论时间和场合，随时随地都可以提问；二是不论范围，各学科都可以问；三是不论问题大小、难易，都一样耐心解答。于敏以仁爱之情呵护后辈，以学术造诣开启学生智慧。

在于敏这样一大批老科学家的带领下，一代又一代的青年科学英才向着光、追着光、散发光，赓续着“两弹一星”的精神血脉，传承着科学家精神，推动着我国高科技领域不断走向辉煌。

2019 年 1 月 16 日，于敏因病辞世，享年 93 岁。告别厅里挽联如瀑，中国工程物理研究院撰写的挽幛是“于家为国铸重器，宁静致远宏谋动天地；敏思笃行创伟业，科学求实精神炳千秋”。送行的队伍绵延数百米，人们深切缅怀这位共和国的铸盾者。2019 年 9 月 17 日，国家主席习近平签署主席令，追授于敏“共和国勋章”。于敏卓越的国防科技成就与崇高的精神必将镌刻在中国国防科技史的丰碑上，激励一代又一代国防科技工作者再攀高峰。

延伸阅读

注释

沉厚寡言【chén hòu guǎ yán】：语出《旧五代史·梁书·末帝本纪上》。形容人性格沉稳宽厚，寡言少语。

心无旁骛【xīn wú páng wù】：指做事心思集中，专心致志。

蹑屩担簦【niè juē dān dēng】：语出《太上清正一万寿宫住持提点张公碑铭序》。形容艰难跋涉，也有身份、地位低下的意思。蹑：意识地踩踏。屩：轻便的草鞋。簦：有柄的笠。

朝乾夕惕【zhāo qián xī tì】：语出《周易·乾》。意指人们在白天勤奋，不疏忽懈怠，晚上也严格要求自己，保持警惕，那就不会有什么过失。

焚膏继晷【fén gāo jì guǐ】：语出唐代韩愈《进学解》。形容夜以继日勤奋学习、工作。膏：油脂，借指灯烛。晷：日影，借指白天。

輷輷殷殷【hōng jū yīn yīn】：语出《史记·苏秦列传》。形容类似打雷、车辆行进等产生的巨大声响。

跋履山川【bá lǚ shān chuān】：语出《左传·成公十三年》。指长途奔波劳碌，异常艰苦。

栉风酾雨【zhì fēng shī yǔ】：语出清代陈康祺《郎潜纪闻》。形容辛苦奔波，艰辛劳苦。

惟将终夜长开眼，报答平生未展眉：语出唐代元稹《遣悲怀三首》。诗句意思是：我只有在漫漫长夜忧思无眠，以无尽的思念来报答你因愁苦奔忙而未曾展颜的一生。

讦谟【xū mó】**定命，远犹辰告**：语出《诗经·大雅·抑》。指宏大谋划确定方向，及时把长远谋划告知天下。

条入叶贯【tiáo rù yè guàn】：语出汉代王充《论衡·薄葬》。形容深入系统内部精密微妙之处，融会贯通。

栖冲业简【qī chōng yè jiǎn】：语出南朝宋袁粲《妙德先生传》。意思是心境平和，安于简单朴实的生活。

邈处欿视【miǎo chǔ kǎn shì】：语出明代李东阳《翰林伦封君墓表》。指处世淡泊，视事谦逊。

责有攸归【zé yǒu yōu guī】：语出高阳《清宫外史》。指明确职责归属，责任不可推卸。

“于敏构型”

中国氢弹的“于敏构型”在技术上比国际通用型“T–U 构型”更先进。美国的氢弹重达 62 吨，而且需超低温冷冻机保存。而“于敏构型”在体积上更容易实现小型化，不仅易于储存，且更适合长期储存，在实战中拥有更大的优势。同时，“于敏构型”的氢弹在安全系数上也要远高于美国的构型，而且无需巨额的维护费用。

中国第一颗氢弹

氢弹研制面临的“卡脖子”难题是，在氢弹构型的设计中，如何才能使热核材料的利用更充分，发挥更大的威力。于敏最先意识到，依靠炸药压缩的增强型原子弹模型所能够产生的能量十分有限，这样热核材料就达不到极高的压缩密度，该模型中的氚中子就不可能达到多次循环，这就需要加强爆炸的能量，从而增大加热核材料的密度。

于敏的哲学思维

受《矛盾论》哲学思维启发，于敏把氢弹热核反应这个复杂的物理现象分解为简单且基础的多个环节，抓住其中最本质、最关键的环节，从而找到了突破氢弹研制的逻辑起点。常铁强研究员将于敏的科研方法总结为：“对任何问题一定要经过分解，才能迎刃而解。”

在研究氢弹机制时，存在一个链式反应，通常情况下避免不了求解流体力学方程的烦琐工作，于敏建议先设计一个静态无限大的中子增殖模型，忽略介子运动，这样就大大减少了中子增殖和升温速度的计算量。

作者简介

张晓凤，笔名元吉，儿童文学作家，通辽第五中学高级教师，内蒙古民族大学研究生院兼职导师。长期从事科学家传记研究、写作工作，代表作品有《“两弹”元勋邓稼先》《中国氢弹之父于敏》《核物理科学家何泽慧》等，部分作品入选中华全国妇女联合会“全国家庭亲子阅读推荐书目”。

沈斐文，童书插画师，毕业于广西艺术学院现代插图专业，广西美术家协会会员。有多年插图及绘本创作经验，代表作品有《阿虎的名片》《来自云朵的女孩》《一块飞毯》《星星点点》《牛背雨》《远山灯火》等。

共和国科学英才

铭记科学家奋斗史

弘扬爱国主义精神

坚定报效国家志向

- “共和国科学英才”丛书入选“科学家（精神）进校园行动”推荐目录
- 《大地之子黄大年》获第二十八届中国西部地区优秀科技图书一等奖
- 《大地之子黄大年》入选国家新闻出版署《2020 年农家书屋重点出版物推荐目录》
- 《“两弹”元勋邓稼先》《杂交水稻之父袁隆平》入选中华全国妇女联合会《2020 年全国家庭亲子阅读推荐书目》
- 《大地之子黄大年》获 2020 年广西十佳科普读物大赛优秀奖
- 《大地之子黄大年》入选 2019 年“少年中国 – 海淀未来科技公民科技书目发布及阅读推广活动”图书类优秀作品推荐书目
- 《杂交水稻之父袁隆平》入选教育部《2019 年全国中小学图书馆（室）推荐书目》
- 《大地之子黄大年》入选 2018 年广西当代文学艺术创作工程三年规划第一批重点项目
- 《“两弹”元勋邓稼先》《杂交水稻之父袁隆平》入选 2018 年广西新闻出版广电局精品出版项目